APPEL

A

L'APPRÉCIATION DE MES ÉLECTEURS

SUR UNE

QUESTION DE DIGNITÉ

PAR

A.-T. MAUXION

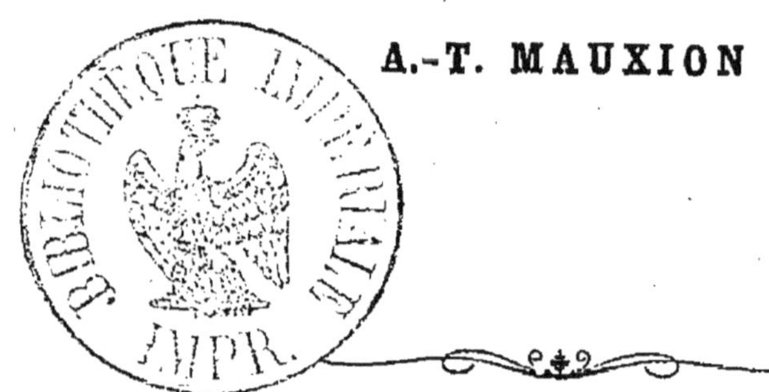

LE MANS

IMPRIMERIE A. LOGER, C.-J. BOULAY ET Cᵉ

RUE MARCHANDE, 15

1863

APPEL

A

L'APPRÉCIATION DE MES ÉLECTEURS

SUR

UNE QUESTION DE DIGNITÉ

Je dois dire ce qui m'a déterminé à écrire ce mémoire, qui n'est ni une protestation ni une contestation, mais bien une question que je donne à résoudre après qu'on aura lu l'exposé sincère et sans restriction des principales actions de ma vie depuis trente-deux ans, et particulièrement pendant une période qu'on a récemment exhumée pour des motifs qui me sont inconnus.

Quoique je n'aie rien à cacher, et que je puisse sans crainte exposer à la lumière d'aujourd'hui tous mes jours d'autrefois, il m'en coûte néanmoins d'attirer, si peu que ce soit, l'attention publique ; mais les choses de ce monde sont changeantes, elles nous poussent quelquefois dans une voie que nous aurions évitée.

Une époque récente a ouvert de nouveaux devoirs aux citoyens, qui se sont tous vus appelés à participer, par l'élection de leurs mandataires, à leur propre gouvernement.

Il ne m'était pas venu à l'idée que ce qui était un devoir pour les autres était un crime pour moi, et que j'étais exclu du droit d'accepter les suffrages qui m'étaient donnés par la confiance de mes concitoyens ; c'est cette erreur qu'on me reproche aujourd'hui.

Nommé, en 1848, capitaine de la garde nationale du Mans, élu un peu plus tard membre du conseil municipal de cette ville et réélu conseiller en 1860, j'en ai rempli les fonctions jusqu'en 1863. Mais tout à coup, après les élections générales des députés, M. le maire m'annonça que, si je ne donnais pas ma démission, ma révocation serait prononcée, et que des poursuites judiciaires pourraient être exercées contre moi pour m'être laissé élire et avoir voté alors qu'en 1830 j'avais subi, en police correctionnelle, une condamnation à un mois de prison.

D'où venait cette subite rigueur dont je ne pouvais manquer d'être surpris? Ce n'était pas l'effet d'une récente révélation, car je sais que cette particularité n'était pas ignorée. Sans chercher à découvrir un secret qui m'importait peu, et sans savoir si la loi m'était applicable, il me suffisait de m'être vu dire ce que jamais personne ne m'avait fait entendre pour me faire donner ce qu'on me demandait. Mais je donnais ce qui ne m'appartenait pas; je sentais que je ne pouvais disposer du mandat que mes concitoyens m'avaient confié. Il ne me restait d'autre moyen de me justifier que de leur rendre compte de la manière dont je m'en trouvais dépouillé. Ce n'était pas assez : ils m'avaient élu parce qu'ils me croyaient digne de leurs suffrages; je devais, en leur faisant connaître ma vie, les mettre à même de me juger. Voilà ce qui m'a décidé à faire ce mémoire.

La loi interdit de discuter un jugement rendu, mais elle ne défend pas à un homme de raconter sa vie. On devra me tenir compte des difficultés que j'ai rencontrées.

A l'âge de 15 ans, ne sachant guère que lire et écrire, je quittai la campagne pour venir au Mans faire l'apprentissage du commerce dans une boutique d'épicerie. Deux ans après, je me plaçai à Nantes dans le même commerce; puis j'allai à Tours, où j'étais au moment de ma conscription.

Ma grand'mère paternelle avait eu la bonté d'assurer mon remplacement moyennant quelques centaines de francs.

Presque aussitôt après mon tirage, je songeai à m'établir. Je revins au Mans en 1829, où je louai une maison au carrefour de la Sirène. J'y ouvris une boutique d'épicerie avec le faible capital de 7,000 francs, provenant : 4,000 francs de ma part d'héritage de mon père et de ma mère, que j'avais perdus depuis longtemps, et 3,000 fr.

que m'avait prêtés ma grand'mère sur ma part à sa succession.

Je me trouvais à 21 ans seul dans une boutique, avec l'ardent désir de bien faire et le courage dont la nature m'avait pourvu. Cependant une chose me faisait défaut sans que je m'en doutasse : c'était l'expérience. Toutes mes connaissances consistaient à savoir apprécier la qualité des marchandises, à en connaître le prix, la manière de les débiter et l'endroit d'où je devais les tirer.

Je me mets à l'œuvre avec mes prix d'achats pour base, la sécurité de la jeunesse en avant et la bonne espérance à sa suite.

Tout alla d'abord selon mes premiers souhaits, auxquels vinrent s'ajouter de nouvelles exigences : j'avais un gros loyer, il fallait gagner davantage ; j'avais de l'activité, il lui fallait plus d'essor, et, peut-être, de l'ambition qu'il fallait satisfaire.

Je résolus donc d'aller offrir mes marchandises aux détaillants des localités environnantes. Je pris un jeune homme que je mis au courant pour me remplacer à la boutique. Cela fait, je prépare mes échantillons, je loue un cheval de selle, et je pars. Mon succès fut des plus satisfaisants. Je rentrai à la maison pour expédier les marchandises que j'avais vendues. Encouragé par cet essai, je ne tardai pas à faire un second voyage qui ne fut pas moins heureux.

Je ne doutai plus que je n'eusse trouvé le bon moyen de donner de l'extension à mon commerce. Sentant pourtant le besoin de ne pas quitter trop souvent la maison, je voulus voir si mon jeune homme pourrait me remplacer au dehors. La proposition que je lui en fis était tout ce qu'il désirait. Après que je lui eus donné les instructions que permettait ma jeune expérience et recommandé de se bien renseigner sur la solvabilité des acheteurs, mon jeune homme de 19 ans, muni de mes échantillons, fièrement monté sur son cheval, partit avec autant d'assurance qu'aurait fait un voyageur consommé. Son absence fut de huit à dix jours ; il rentra avec son carnet chargé de commissions, dont quelques-unes étaient importantes.

Je ne manquais pas de marchandises pour remplir toutes ces commandes. J'avais, paraît-il, inspiré une certaine confiance à plusieurs négociants de Nantes, au nombre desquels était mon ancien patron. Je recevais souvent des offres, soit par lettres, soit par les commis voyageurs, qui arrivaient assez souvent à me faire prendre plus de marchandises qu'il ne m'en fallait.

Tout me donnait confiance dans l'avenir : à la boutique, la vente allait bien; mon jeune homme avait fait de nouveaux voyages dans un rayon plus étendu, et toujours avec assez de succès.

Pour me rembourser de mes factures payables à quatre mois sur mes clients du dehors, je faisais des traites que j'escomptais; ce qui me fournissait de l'argent pour effectuer mes paiements, qui n'étaient jamais restés en souffrance.

Nous étions en 1830. La révolution éclata. L'agitation qui en fut la suite porta le trouble dans le commerce; beaucoup de maisons en furent victimes de différents côtés; la confiance avait disparu, les voyageurs ne sortaient plus.

Je n'ai jamais bien su si je devais attribuer entièrement à cet événement les accidents qui m'arrivèrent, ou si je les devais en partie à l'imprudence de mon jeune voyageur, qui aurait négligé mes recommandations en vendant à des personnes peu solvables; les circonstances ne m'ont pas laissé la faculté de m'éclairer sur ce point.

A cette époque, il n'y avait point de banquiers comme aujourd'hui pour donner des renseignements sur la solvabilité des commerçants; il n'y avait que des escompteurs marchands qui ne se chargeaient de rien de semblable. Toujours est-il qu'une grande partie de mes traites revinrent impayées, et qu'il me fallut les rembourser sur l'heure. Je pourvus bien au remboursement des premières, mais un jour je fus obligé de demander un peu de délai. Ce fut un coup fatal porté à mon crédit, bien que je payasse exactement; quand je présentai de nouvelles traites à l'escompte, elles me furent refusées. L'escompteur à qui j'avais eu affaire était un bon négociant de cette ville; il me fallait en chercher un autre, que je ne trouvai que difficilement. Celui qui accepta faisait l'escompte d'occasion, il me fit subir le sort du vaincu: bref, il m'écorcha. Cependant je ne suis jamais resté son débiteur.

J'avais nécessairement renoncé aux voyages; d'ailleurs le détail présentait seul de la sécurité. Mais j'avais beaucoup de marchandises en magasin dont une grande partie n'était pas payée, et les échéances étaient assez prochaines pour me causer des appréhensions. Je reconnaissais que, pour me tirer d'affaire, il ne me restait d'autre moyen que de trouver un prompt débit. Ma boutique n'offrant pas assez de ressources, il me vint à l'idée d'en prendre une seconde comme auxiliaire momentané, placée autant que possible dans un quartier populeux. Je trouvai justement une petite maison avec boutique à louer, située Grande-Rue. Je m'en arrangeai avec une dame G..., qui en était propriétaire. Le bail sous seing privé fut stipulé pour un an; il portait que, si je voulais sortir au bout de ce temps, je devais prévenir six mois d'avance.

Un jeune homme (un autre que le voyageur) en qui j'avais toute confiance fut chargé de la vente. Dans les premiers temps, j'eus lieu de me féliciter de l'entreprise, les recettes de chaque jour étant très-satisfaisantes. Raisonnablement je pouvais espérer du progrès; la réalité, au contraire, m'offrit une décroissance continue. Inquiet de ce résultat, j'en recherchai la cause : on me dit dans le quartier que le jeune homme paraissait fort ennuyé, et qu'il ne servait les chalands qu'avec apathie et négligence. Je lui en parlai, et je tâchai de réchauffer son zèle; il m'avoua son ennui d'être toujours seul, mais il se défendit d'être cause de ce qui arrivait, rejetant le fait sur l'habileté d'un épicier d'à côté, qui avait su capter la préférence des acheteurs. Les choses allant de mal en pis, je me vis obligé de fermer la boutique trois à quatre mois après l'avoir ouverte, et je l'affichai à louer.

Un jour ou deux avant l'expiration des six mois, je me rendis chez la dame G... pour la prévenir que je quitterais sa maison au bout de l'année. Elle me répondit qu'elle le savait déjà, parce qu'elle l'avait vue affichée à louer, et qu'elle se reconnaissait pour avertie.

La vente allait toujours assez bien à ma boutique du carrefour de la Sirène, mais bientôt je ne fus plus maître de la situation ; les pertes que j'avais éprouvées me mirent dans l'impossibilité d'acquitter un assez gros mandat tiré sur moi, lequel resta en souffrance entre les mains d'un habitant de la ville. Je fus alors obligé de reconnaître que, pour payer ce que je devais, il ne me restait d'autre moyen que d'écouler mes marchandises sans en racheter d'autres pour assortiment; ce qui me conduisait à une cessation assez prochaine de mon commerce. Comme je ne cachais pas mon dessein, il prit envie à une personne de monter une boutique dans le quartier, et elle profita de l'occasion pour m'acheter des marchandises et des ustensiles de boutique pour une assez forte somme payable à quatre mois.

Le propriétaire de ma maison, ayant eu connaissance de ces choses, alla prévenir le percepteur, à qui je devais une soixantaine de francs d'impôts. Celui-ci m'envoya un billet m'enjoignant de venir payer sur l'heure. J'avais la somme en sous (à cette époque on en recevait beaucoup); je les lui portai, il n'en voulut pas; je cherchai à les changer, je ne trouvai point. Deux heures après, j'avais à la maison deux garnisaires qui prirent des chaises et s'assirent devant la porte.

Jusque-là j'avais espéré me tirer d'affaire sans bruit, en dissimulant ma déroute; cet acte de rigueur me frappa au cœur ; je le sentais comme une révélation des malheurs imprévus qui nous viennent dans le cours de la vie par la volonté des hommes, et je ne pus m'empêcher d'aller à l'écart cacher mes premières larmes de jeune homme.

Si la nature ne m'a pas exempté de quelques moments de faiblesse, elle m'a du moins donné la faculté de me relever promptement. « Allons, dis-je, ce n'est rien. » J'avais repensé à mes sous; j'en charge de nouveau mes épaules, et je retourne les offrir par la ville. Cette fois la chance me protégeait : on les accepta dans la première maison où je me présentai. Soulagé de mon billon et de mon inquiétude, je cours tout joyeux demander au percepteur le congé de mes garnisaires. Avec quel bonheur je les vis partir !

Je croyais, par la solution de cette affaire, avoir rétabli ma tranquillité à toujours, et je n'étais qu'au début de mes adversités.

Le lendemain, je reçois une assignation de mon propriétaire, qui m'appelle au tribunal pour m'entendre condamner à fournir une caution garantissant l'exécution de mon bail, sinon à le voir résilier avec dommages-intérêts. J'avoue que je n'avais pas pensé comment ce bail prendrait fin. Elevé chez des étrangers dans un commerce vulgaire, où je n'avais fait autre chose que de la chandelle, du chocolat, des paquets derrière un comptoir et des emballages, je ne savais des autres affaires que ce que j'en pouvais deviner par la réflexion. Le bail fut résilié pour cause d'insuffisance de garanties, et je fus condamné à payer 800 fr. d'indemnité.

Je commençais à craindre de ne pouvoir réaliser assez d'argent pour tout payer. Je fis mon inventaire et j'appliquai par la pensée les différentes sommes que je devais recevoir aux dettes qu'il me fallait acquitter, selon l'ordre d'urgence que je leur reconnaissais, et je conservai bon espoir. J'arrangeais tout cela avec mon ignorance ordinaire. Peu de jours après, je recevais de mes créanciers des notifications de saisie-arrêt faites entre les mains de mes débiteurs. C'était une complication désastreuse, et des frais à ma charge. Je ne pouvais plus rien toucher pour payer ; il fallait désormais qu'un ordre coûteux fut ouvert pour que chacun reçût au prorata.

J'aurai maintenant à parler d'un homme dont la rencontre sur mon chemin a donné à ma destinée une direction tout autre que celle qu'elle eût eue. Cet homme, appelé A..., âgé d'environ 40 ans, était locataire du second étage de ma maison; il avait presque entièrement à sa charge sa femme et trois enfants, et pour tous moyens d'existence une place de commis chez un marchand de fer. Depuis longtemps déjà il occupait son logement, et il ne m'avait donné que quelques légers à-comptes sur son loyer; il me devait environ 500 fr. Il n'ignorait pas les embarras où je me trouvais, mais il n'avait point, disait-il, d'argent pour me satisfaire. Je le croyais sans peine. Il me proposa de me faire donner par sa femme une délégation de 600 fr., je crois, que je toucherais par privilége sur une part d'héritage qui ne pouvait tarder longtemps à lui échoir, à condition que je lui laisserais enlever, à sa sortie qui n'était pas éloignée, son modique mobilier. Ne pas accepter c'était tout perdre. Nous allâmes chez un notaire qui avait connaissance du droit d'hérédité, et l'acte fut passé.

Cependant j'avais perdu ma position, je n'avais plus de but dans ma vie; il fallait aviser à prendre un parti. Je pouvais compter sur des secours de mon excellente grand'mère, qui m'avait en partie élevé; mais ce que j'en pouvais espérer n'aurait pas suffi pour me remonter dans le commerce dont j'étais, d'ailleurs, bien dégoûté. Je me décidai, quoique peu instruit, à étudier la médecine, comptant sur mon travail pour apprendre tout ce qu'il fallait afin de devenir officier de santé. J'allai trouver M. le docteur Lepelletier, médecin en chef de l'hôpital, qui voulut bien m'admettre à ses cours.

Le bail de la maison que j'avais Grande-Rue touchait à sa fin. N'ayant pu la sous-louer, elle était toujours restée fermée. La veille ou l'avant-veille du terme, je me présente chez Mme G... pour lui rendre la clef : quel n'est pas mon étonnement de me la voir refuser, et de m'entendre dire que je n'avais pas prévenu comme je le devais faire! J'ai beau rappeler ce qui avait été convenu six mois auparavant, rien n'y fait; on me répond qu'il n'y a eu aucune convention, et que la maison reste à mon compte six mois de plus. Je m'emporte, j'accuse de mauvaise foi, et, posant la clef sur la table, je déclare qu'elle y restera; puis je sors en tirant la porte. Je n'avais fait que quelques pas dans la rue quand je m'entends interpeller vivement, et que la clef tombe avec bruit sur le pavé, derrière moi. « Ramassez-la, disait-on, ou elle sera perdue, et vous en répondrez. » J'hésitais, je ne savais que faire; je me retourne, la porte était refermée. Je me décide à ramasser cette clef, et je m'en vais tout troublé, moins à cause des six mois de loyer, qui n'étaient, je crois, que de 100 fr., qu'à cause de la scène qui s'était passée.

En arrivant à ma porte, je rencontre sur la marche du corridor M. A... qui sortait.

« Qu'avez-vous? me dit-il, vous paraissez tout triste. »
Je lui racontai ce qui venait de m'arriver.

«Ah! vous ne vous êtes pas mis en règle; il fallait faire donner congé par huissier. Cependant, puisque c'était convenu, Mme G... doit reprendre sa clef. Il faut y retourner.

« — Non, répondis-je, je n'irai pas.

— J'irai à votre place, dit-il, et je lui ferai entendre raison. »

Je lui répondis que j'en serais bien aise.

On s'étonnera peut-être que je puisse rappeler si minutieusement des circonstances qui datent de plus de trente ans. Je dirai que ces choses n'ont point de distance pour moi, parce que je les ai, pour ainsi dire, renouvelées chaque jour dans mon esprit. N'ont-elles pas eu une influence considérable sur ma destinée? N'ont-elles pas causé mon exil, ainsi que je le dirai, et ne leur dois-je pas des travaux inouïs sous un ciel ardent qui n'était pas celui de la patrie? Ce que j'ai en partie oublié, ce sont les dates exactes, sans doute parce qu'elles n'ont eu aucune influence sur les faits.

Je ne comptais point sur le succès des démarches de M. A...; je pensais même qu'il n'en ferait pas. Pourtant, un jour, il vint m'annoncer que Mme G... viendrait chercher sa clef.

« Comment avez-vous fait, lui dis-je, pour la décider?

— Je lui ai demandé sa maison à louer.

— Mais vous ne voulez pas vous en charger pour m'en débarrasser?

— Est-ce que je n'ai pas besoin d'un logement, puisque je dois sortir d'ici? Toutefois je ne lui ai pas dit, ajouta-t-il, que je demeurais chez vous. »

La chose était, en effet, toute simple ; ce logement, composé de la pièce où j'avais tenu ma boutique et d'une grande chambre à feu au premier, était pour le moins aussi logeable que ce qu'il occupait chez moi.

Ainsi qu'il me l'avait dit, Mme G... vint me demander la clef pour faire voir la maison, et elle me pria de l'accompagner. Je m'en défendis, parce qu'il me répugnait de me trouver en présence de mon locataire, qui n'avait pas jugé à propos de lui dire qu'il me connaissait; elle insista, et je me rendis à son désir. Nous trouvâmes M. A... à la porte. Il ne s'attendait probablement pas à me voir; il n'eut pas l'air de me connaître, et j'observai la même réserve, pensant qu'il craignait que, si on le connaissait, on ne voulût pas lui louer. Je dirai sincèrement que cette dissimulation me déplaisait fort, et que

si la maison ne m'était pas restée par un subterfuge, je
ne me serais pas prêté à cette sorte de mystère.

Quelques jours après, il me dit : « Je vous apprends
que j'ai loué la maison de Mme G...; c'est une affaire
finie, je lui ai donné le denier à Dieu. » En effet, celle-ci
vint un ou deux jours après chercher sa clef.

Je ne fus pas bien sensible à la conclusion de cette affaire. J'avais, hélas! bien d'autres choses inquiétantes
sur les bras : mes créanciers n'étaient pas remboursés.
J'attendais avec impatience le moment où l'ordre s'ou-
vrirait pour la distribution des sommes arrêtées entre
les mains de mes débiteurs; j'avais encore de l'argent à
recevoir de divers côtés, et il me restait à vendre quelques marchandises de difficile défaite. Mon intention était,
si je ne parvenais pas à réunir assez de fonds pour tout
rembourser, de faire un appel à la bonté de ma grand'-
mère, qui, j'en étais sûr, ne refuserait pas de me libérer.

C'était en 1831. Je n'avais que vingt-trois ans, et déjà
le malheur m'avait rudement frappé, déjà mes belles et
dangereuses illusions de jeunesse étaient perdues; elles
avaient fait place à une autre folie qui s'appelle l'espérance, et qui n'est qu'un sentiment égoïste et trompeur,
quand ce n'est pas la sublime aspiration de l'âme vers
l'éternité. En effet, a-t-il été donné à beaucoup d'hommes
de suivre sans obstacles la voie fleurie qu'ils s'étaient tra-
cée dans leur jeune imagination? En est-il un grand
nombre qui puissent se flatter d'avoir atteint par la puissance de leur volonté le but charmant qu'ils s'étaient
proposé? Ceux qui ont eu cette chance sont les heureux
de la terre; sont-ils les bénis du ciel? Pour moi, je n'ai
parcouru que les sentiers arides et imprévus que la Providence m'avait peut-être réservés. L'espérance, toutefois, me faisait entrevoir, au bout de travaux laborieux
et persévérants, un avenir relativement tranquille. J'allais tous les jours au cours de M. le docteur Lepelletier,
et le titre modeste d'officier de santé était le port de refuge
où j'aspirais, et que pourtant je ne devais pas atteindre.

A peine quelques jours s'étaient écoulés depuis que
M. A... avait loué la maison de Mme G..., que je reçois un
billet du juge de paix qui m'invite à me rendre, non à
son parquet, mais chez lui, pour m'expliquer sur un

bail passé entre Mme G... et M. A... Étonné, je m'empresse d'aller trouver celui-ci et de lui montrer ce billet.

« J'ai aussi, me dit-il, reçu un billet pour m'y rendre à la même heure.

— Mais, dis-je, que peut-on nous vouloir au sujet de ce bail?

— Je ne sais pas, répondit-il, pourquoi on vous demande; pour moi, je présume que Mme G... ne trouve pas mon bail bien fait. J'ai mis que j'étais marchand à Saint-Calais, et j'ai signé de mon second nom, car j'ai deux noms : je m'appelle A. Dupré, et je n'ai signé que Dupré.

— Mais c'est un faux, lui dis-je, que vous avez fait là. »

J'avais souvent entendu parler de faux en écriture, et je savais que c'était une des choses les plus coupables; je croyais même que tout faux méritait les galères. Il me répondit qu'il ne craignait pas que l'on prît cela pour un faux; qu'il avait souvent signé Dupré, et que son seul tort était de s'être dit marchand à Saint-Calais; que cela d'ailleurs n'avait pas une grande importance.

On m'a accusé de complicité dans la confection de cet acte. J'en suis innocent. Je jure sur mon âme, responsable devant la justice de Dieu, que non-seulement je n'y ai point pris part et que je n'en suis point l'instigateur, mais encore que j'en ignorais l'existence au moment où il fut signé et échangé entre les parties contractantes.

Pour ne rien omettre de la vérité, je dois déclarer que M. A... m'a dit depuis qu'il l'avait fait en vue de me rendre service, en me débarrassant de la maison. Les mystères du cœur humain sont inexplicables; mais comment croire qu'un homme à qui je n'avais jamais rendu d'autres services que de ne l'avoir pas tourmenté pour le paiement de son loyer, eût porté le dévouement jusqu'à encourir des peines si sévères? Néanmoins cette pensée n'a pas été sans quelque influence sur la conduite que j'ai tenue dans la suite de cette affaire; je l'ai toujours laissé agir et se défendre, sans jamais rien dire qui pût lui être contraire.

Un peu avant de me rendre chez le juge de paix, M. A... vint me trouver et me dit : « Je crois savoir pourquoi vous êtes appelé; c'est qu'on veut vous tirer de l'argent : il ne faut consentir à rien, cette affaire ne vous concerne pas; dites que vous vous rendez pour obéir à la justice, mais que vous déclinez la compétence du juge de paix. » Je ne comprenais rien à tout cela; il s'en aperçut. « Vous n'êtes point au courant de ces choses-là, reprit-il, l'affaire me regarde seul; laissez-moi faire, je sais ce qu'il faut dire. »

En arrivant, nous trouvâmes Mme G..., qui se mit bientôt à parler avec animation. M. A... l'arrêtait souvent pour contester; puis le juge de paix lut le bail et commença à faire des questions. Au lieu d'y répondre, M. A... dit que cette affaire n'était pas de la compétence de la justice de paix, et qu'il s'expliquerait devant le tribunal, si on l'y appelait. Le juge de paix se tourna vers moi et me demanda si je voulais la même chose. Je répondis oui. « C'est tout ce que je désirais, dit-il; vous serez satisfaits; vous pouvez vous retirer. »

Tous ces détails sont parfaitement présents à ma memoire.

Depuis, en réfléchissant à ces choses, je n'ai jamais pu deviner la pensée ni concevoir l'aveuglement de cet homme qui, voyant son écrit accusateur entre les mains d'un juge qui ne voulait probablement y trouver qu'une légèreté conciliable avec une justice paternelle, le récuse pour encourir les dangers d'une justice rigoureuse.

Occupé de mes études et tourmenté de la terminaison difficile de mes affaires de commerce, je ne pensais plus à cet incident, lorsque je reçois une assignation à comparaître en police correctionnelle. Je m'empresse d'aller trouver M. A..., qui en avait aussi reçu une. «Votre malheureux écrit, lui dis-je, vous causera bien de l'embarras; mais je ne vois pas pourquoi je suis mêlé à votre affaire, ni pour quel motif vous avez récusé le juge de paix pour aller au tribunal?

— C'est, répondit-il, que je voyais qu'on voulait nous tirer de l'argent, et que je pensais être appelé seul au tribunal, et que ce serait au tribunal civil; mais je vois qu'on veut me poursuivre au criminel, et vous inculper de complicité avec moi. Toutefois on ne peut rien contre vous; soyez tranquille, vous n'avez rien à craindre. Pour moi, je ne suis pas sans quelque inquiétude, on voudra voir dans mon sous-seing un acte frauduleux. Quoi qu'il

en soit, je saurai bien me défendre, et je ne me laisserai
pas condamner. Ce qu'il y a de pénible, ajouta-t-il, c'est
de paraître là et de s'asseoir sur la sellette.

— Qu'est-ce que c'est que la sellette ? dis-je.

— C'est un banc où l'on fait asseoir les accusés. »

Le rouge me vint au visage. « Je ne m'y assoirai pas,
dis-je.

— Mais s'il le faut?

— Je ne m'y assoirai pas, on ne peut pas m'y forcer :
je ne suis pas un criminel, je ne suis pas responsable de
votre malheureux écrit, qui est une abominable chose ! »
et je m'en allai dans une grande agitation.

Le jour arrivé, je me rends au tribunal, sans avoir
aucunement songé à me défendre ; je croyais que M. A...
seul en avait besoin, car enfin les poursuites étaient di-
rigées contre son acte, que je trouvais fort coupable. Que
pouvait-on me faire pour l'écrit d'un autre? Cependant
j'éprouvais une forte émotion.

A l'appel de mon nom je me présente ; on me fait
avancer : c'était devant la fatale sellette ; je m'y tins
debout. M. A... se trouvait à côté de moi. J'étais si troublé que je n'accordais aucune attention à ce qu'on faisait.
Je crois qu'on lut le malheureux sous-seing.

Tout à coup j'entends derrière moi une voix qui dit :
«Asseyez-vous; »puis répéter : « Asseyez-vous. » Je n'en
fis rien. M. A... était sur la sellette. Le président m'or-
donna d'une voix sévère de m'asseoir. Je n'obéis pas ; il
me semblait qu'une force supérieure m'en empêchait.

Indigné de ma résistance, le président s'anime, et du
visage, du geste et de la voix, m'ordonne cette fois avec
tant d'autorité que mes genoux fléchissent.

Des larmes de confusion, de colère et d'humiliation
roulaient dans mes yeux, et je me trouvai tellement ab-
sorbé dans une préoccupation toute personnelle, que je
ne me rendais pas compte de ce qui se passait. Je sais
que le procureur du roi prononça une accusation qui
éveillait souvent en moi le besoin de protester ; ce que je
ne fis, je crois, que mentalement. Je me souviens que
M. A... quitta sa place d'à côté de moi et qu'il parla ;
mais je ne sais aucunement ce qu'il dit. Du reste, ce n'est
pas la seule fois qu'une grande préoccupation m'a em-

pêché de comprendre ce qu'on disait en ma présence, bien que je voulusse entendre.

Enfin on me dit de me lever, ce qui me rappela un peu à moi-même. Le président me demanda pourquoi j'avais feint de ne pas connaître M. A... quand j'avais accompagné Mme G... pour lui faire voir la maison. Je répondis que j'avais intérêt à ne pas le faire connaître.

« Quel était cet intérêt ?

— Parce que M. A... me devait et ne pouvait me payer, et que je ne voulais pas l'empêcher de louer la maison. »

Cette dissimulation de connaissance était sans doute blâmable; cependant, de là à l'écrit frauduleux, il y avait une énorme distance.

Je ne sais si cette réponse fut cause de ma condamnation, mais elle exprimait la vérité, dont voici la portée : en n'empêchant pas M. A... de louer cette maison, qui, en toute justice de conscience, ne devait plus être à mon compte, je m'en trouvais débarrassé, et je n'empêchais pas cet homme de trouver son logement.

Le prononcé du jugement fut renvoyé à l'audience de huitaine.

J'ignore si les juges ajournent souvent leurs arrêts : quand ils le font, ne serait-ce point parce qu'ils ne sont pas convaincus à l'audience? Où puiser cette conviction ? S'ils y cherchent quelquefois un appoint en dehors des faits de l'accusation, ma position était alors des plus compromettantes : je venais de succomber dans mon commerce avec un certain bruit; je me souviens d'avoir entendu le ministère public prononcer même le mot de banqueroute. Cependant je n'avais pas fait banqueroute; je devais encore, mais j'avais la certitude de tout payer. Comme tous les débutants qui prennent trop d'essor, j'avais d'abord attiré cette attention qu'on pourrait appeler publique; la critique, ainsi que cela arrive ordinairement, devait avoir suivi tous mes pas : quand je pris une seconde boutique, elle dut me condamner; quand je la fermai, elle avait eu raison; quand je succombai, je subissais le châtiment de mes audacieuses folies. Si j'avais réussi, j'aurais été un jeune homme intelligent, un commerçant des plus habiles. Maintenant je n'étais qu'un stupide brouillon, un ambitieux coupable. On ne s'attire pas de tels malheurs sans être capable de quelques méfaits !

Loin de moi la pensée que mes juges se soient laissé influencer par ce blâme attaché sur tout homme qui succombe dans ses entreprises ; je n'ai voulu que rappeler ma position défavorable.

Pendant les huit jours qui s'écoulèrent, je ne cessai de penser à cette affaire. Sans éprouver une grande crainte, j'avais pourtant une certaine appréhension ; je sentais que je n'avais rien dit pour me défendre, et je regrettais de n'avoir pas pris un défenseur.

Le jour où je devais entendre prononcer le jugement qui, selon moi, devait me rendre la tranquillité, je me rendis à l'audience. M. A..., que je n'avais pas revu, n'y était point. Bientôt les juges prennent séance. On nous appelle ; je me lève. Le président prononce le jugement, et je m'entends condamner à un mois de prison. Je crois que M. A... fut condamné à deux mois. Je ne puis bien définir ce que j'éprouvai ; ce n'était pas de la consternation, c'était plutôt un désappointement immense, joint à un sentiment d'orgueil humilié dont je faisais remonter la cause à mes juges, et je leur dis en me retirant qu'ils avaient rendu un jugement injuste. Je ne sais si j'ai été entendu, mais j'ai souvent regretté ces paroles coupables prononcées dans un moment d'irritation que la jeunesse même ne peut faire excuser.

Depuis ce temps, j'ai souvent médité sur les hommes dans leurs différentes attributions, et j'ai reconnu que, de tous ceux qui remplissent des fonctions publiques, les juges en leurs décisions méritent le plus notre respect, parce que la grandeur de leur mission a nécessairement mis en eux ce profond sentiment d'équité qui ne se trouve pas toujours ailleurs. Je me suis souvent étonné que, malgré les lumières et l'intégrité des juges, il y ait tant d'erreurs judiciaires.

Comment se fait-il, en effet, qu'un grand nombre de jugements de première instance reçoivent en appel une solution toute différente ? Je ne suis pas apte à résoudre cette question, qui est assurément complexe ; je pense que cette différence d'opinions provient souvent de ce que l'affaire a été mal présentée aux premiers juges, et que de nouvelles études ou un bon avocat l'ont présentée aux derniers sous son véritable jour. Je crois que le meilleur avocat n'est pas celui qui parle le plus, mais celui qui sait le mieux présenter une cause juste et rétablir la vérité aussitôt que les débats s'en écartent. Je suis si convaincu de ce que j'avance, que si j'avais un procès en cour d'appel, je me garderais de conserver l'avocat qui aurait succombé en première juridiction, fût-il le premier orateur du barreau.

Je ferai ici une remarque qui ne manque peut-être pas d'à-propos.

On sait que la plupart des défendeurs sont incapables de présenter en justice, avec une suite nécessaire, les motifs, les faits et les circonstances qui constituent le fond de leur cause. Ne serait-il pas utile que, dans certaines affaires de police correctionnelle où l'honneur est engagé, le ministère public, qui est aussi bien le protecteur de l'accusé que de la morale publique, eût l'obligation d'exiger que l'inculpé ait un défenseur.

Je rentre dans mon récit.

A ma sortie du tribunal, outré contre M. A..., et séparant désormais ma cause de la sienne, je vais trouver un avoué, je lui raconte mon affaire, et je le prie d'interjeter appel à Angers. Il me répond qu'il faut un petit délai, et il me promet de faire ce que je désirais aussitôt que possible ; ce qu'il fit en effet.

Quoique honteux de ma condamnation, je continuai d'aller au cours de M. Lepelletier. Un soir que je m'y rendais, je trouvai les élèves réunis s'entretenant de la mort d'une femme du bourg de Montfort, qui avait succombé en quelques instants, à la suite de coliques. On parlait de poison, de choléra... M. Lepelletier était chargé d'en faire l'autopsie légale. Les élèves décidèrent d'y assister tous. Je les accompagnai, quoiqu'à regret. Quand nous fûmes rendus, et que nous eûmes préparé ce qu'il fallait pour l'opération, nous allâmes chercher notre professeur, qui venait d'arriver avec le substitut du procureur du roi, celui précisément qui avait soutenu mon accusation au tribunal. Ce magistrat m'ayant aperçu, me jeta un regard où se peignait l'indignation, sans doute

de me voir dans une compagnie que je déshonorais. J'en
ressentis au cœur un de ces coups dont la blessure ne gué-
rit que quand l'homme qui sent son âme est arrivé au
moment où, se reconnaissant lui-même, il ne prend
pour juge que Dieu, et ne demande d'autre opinion que
celle de sa conscience.

Je devinai que tout allait se découvrir. L'autopsie qui
se faisait n'avait plus d'intérêt pour moi. Du reste, elle
constata que la mort était due à la rupture d'un viscère.

Ne doutant pas que M. Lepelletier ne fût déjà instruit,
je saisis le moment où je pus lui parler sans témoin.

« Monsieur, lui dis-je, vous savez sans doute ce qui me
concerne ?

— Oui, répondit-il.

— J'ai interjeté appel; dois-je m'abstenir de me présenter au cours ?

— Je vous le conseille. »

Dès ce moment, une idée vague d'expatriation se pré-
senta à mon esprit. Mon retour au milieu de la bande
joyeuse des élèves fut fort triste. Le lendemain au matin, je vois arriver l'un d'eux qui vient, me dit-il, de
la part de ses camarades pour... Comme il avait l'air em-
barrassé, je m'empresse de lui répondre : « Je sais ce
qu'ils veulent; dites-leur qu'avant qu'ils eussent pensé à
vous envoyer, j'avais résolu de ne plus me trouver parmi
eux. »

L'idée d'abord vague de quitter mon pays devint une
intention fixe, puis un désir ardent : j'appelais de tous
mes vœux le moment de partir, mais il fallait que je fusse
lavé de ma condamnation. A peine y avait-il huit à dix
jours que mon appel était fait, que j'allai demander à
mon avoué combien j'avais encore de temps à attendre
pour me présenter; il répondit qu'il ne pouvait pas le
savoir, et m'engagea à prendre patience. Le conseil était
bon; mais comment le suivre dans la situation d'esprit
où je me trouvais ?

Je suis naturellement très-susceptible; aussitôt que je
m'aperçois ou même que je m'imagine qu'une pensée
désavantageuse plane sur moi, j'en ressens une extrême
mortification. D'où vient ce sentiment que je condamne,
et dont je ne puis me rendre maître? Ce n'est pas de l'or-

gueil, car je sens mon infériorité en toute chose ; d'ailleurs je trouve que, de tous les défauts de l'homme, c'est le plus méprisable. Enfin mon imperfection se trouvait excitée par les humiliations que j'avais subies. J'avais honte de me montrer en ville ; je pensais qu'en me voyant on s'entretiendrait de mon aventure. N'ayant plus d'occupation, l'ennui me dévorait ; je ne trouvais un peu de soulagement qu'en courant la campagne.

Au bout de quelques jours, je retournai chez l'avoué pour lui demander s'il n'y aurait pas un moyen de hâter ma comparution ; il me conseilla d'écrire au procureur général pour le prier de presser autant que possible mon affaire, attendu que je me trouvais dans la nécessité de faire une longue absence. J'écrivis le jour même. Quelques jours après je recevais pour réponse que mon affaire ne pouvait venir que dans cinq à six semaines. Je fus désespéré ; je ne pouvais me résigner à subir ce long délai : plus le moment de mon départ était éloigné, plus fort était mon désir de partir promptement. L'idée de rompre mes liens, s'il était possible, me passa par l'esprit. J'allai faire part de la réponse que j'avais reçue à mon avoué, et je lui demandai ce qui arriverait si je ne me présentais pas à l'audience. Il me répondit que le premier jugement serait purement et simplement confirmé.

En sortant de chez lui, je dirigeai mes pas vers la campagne pour méditer sur ce que j'avais à faire. Je me consultai longtemps. Sans doute mon honneur était fortement intéressé à se purger de ma condamnation ; mais que m'importait, après tout, l'opinion de gens que je ne reverrais jamais ! Est-ce que l'indifférence actuelle de ceux qui m'avaient témoigné quelque intérêt quand j'avais une position, ne m'était pas démontrée ? Avais-je trouvé un cœur sympathique après mes malheurs ? Au contraire, n'avais-je pas souvent senti le souffle de la critique passer sur mon front ? N'avais-je pas enfin été poursuivi en toute rigueur comme un ennemi ? Allons, je partirai. Voilà quelles étaient les idées exagérées où je puisais ma détermination. Les raisons suivantes étaient cependant plus judicieuses : « D'ailleurs, disais-je, je suis sans moyens, il faut vivre durant six semaines ; il me faudrait de l'argent pour aller à Angers et payer un défenseur ; puis, comment pourrais-je faire mon voyage? Le sort en est jeté, je partirai sans retard, chargé de ma condamnation à un mois de prison : du moins je n'y aurai point respiré l'air qui doit flétrir le cœur. »

Le soir même, j'avais tout préparé pour mon départ. Le lendemain matin, je passais procuration à un homme capable en qui j'avais toute confiance pour régler mes affaires ; il a rempli son mandat comme je l'espérais. D'Alger, où je m'étais fixé, j'entretenais correspondance avec lui, et j'ai eu la satisfaction d'apprendre qu'il avait payé tout ce que je devais, capital, intérêts et frais. J'ai payé même plus que je ne devais ; mais passons...

Le soir de ce même jour, je quittais mon pays, que je croyais ne jamais revoir, et je prenais la route d'Alger. J'étais parti avec bonheur ; et pourtant, à mesure que je m'éloignais, je sentais la tristesse me gagner. C'est que je n'étais pas un voyageur ordinaire, mais un malheureux que la fatalité envoyait en exil perpétuel.

Quand je fus arrivé à Marseille et que je vis pour la première fois la mer, cette immense plaine bleue, mouvante, à reflets blanchâtres, dont l'étendue se perd dans les profondeurs de l'horizon et semble n'avoir point de limite, je fus frappé d'étonnement et d'admiration. Songeant alors qu'il fallait mettre cet espace éternel entre ma patrie et moi, mon cœur se brisa dans un douloureux adieu à tout ce qui m'était cher ; car je laissais de puissantes affections aux lieux que j'avais quittés, affections que les chagrins avaient absorbées pendant un moment, et qui se présentaient alors plus vives que jamais.

Mon pays me paraissait maintenant plein de charmes. Je voyais ses habitants, ses campagnes couvertes d'arbres et ses maisons éparses ; cette ville du Mans contre laquelle je m'imaginais avoir tant de griefs, et qui me semblait encore la plus belle entre celles que j'avais habitées. C'était là, pour moi, qu'était principalement la patrie.

J'ignore si tous les hommes sentent de la même manière ; mais, s'il y a diversité dans chacun selon le tempérament et les circonstances, les impressions du cœur humain sont infinies.

Enfin il fallut dire adieu à la France, et briser ce lien mystérieux qui lie tout citoyen à la terre de la patrie.

Je m'embarquai dans les derniers jours de décembre 1831, sur un navire à voile. Là, au moment du départ, toute préoccupation disparaît pour celui qui n'a jamais navigué, et fait place à l'attention, à l'étonnement et à l'admiration ; mais il est bientôt familiarisé avec ce spectacle, dont la scène est toujours la même, sauf quelquefois la dramatique fureur des flots.

Nous arrivâmes en rade d'Alger dans les premiers jours de janvier, au crépuscule du matin. Le ciel, qui était toujours resté couvert pendant notre traversée, se trouvait alors parfaitement pur. Tout à coup, et presque sans qu'il ait été précédé des couleurs de l'aurore, je vois le soleil sortir radieux du milieu des eaux, et monter majestueusement dans le ciel. La saison voulait qu'il n'eût point cet éclat gênant qui empêche de regarder le dieu de la lumière. Rien n'est aussi admirable que ce spectacle pour celui qui le voit pour la première fois. Pour moi qui croyais que cette pureté de l'atmosphère était propre au climat (et je ne me trompais guère), j'étais enchanté d'avoir rencontré un si beau ciel, sans songer aux feux de l'été.

En face de nous, sur le penchant d'une montagne, était la ville, que ses maisons sans toits faisaient ressembler à une carrière de pierres blanches. En y pénétrant, je fus péniblement impressionné du misérable état qu'elle présentait. Les maisons étaient laides, d'une forme particulière et très-incommodes ; les principales rues du bas, trop étroites pour la circulation des troupes et des voitures, avaient été récemment élargies au moyen de tranchées faites à droite et à gauche dans les maisons, dont les carcasses restaient béantes ; enfin on commençait à démolir pour former une place. Dans cette ville, il n'y avait primitivement aucun vide ; les maisons étaient serrées les unes contre les autres et mal alignées, sur des ruelles où souvent trois personnes ne pouvaient passer de front. Quand j'arrivai, rien encore n'avait été construit ; il n'y avait que les soldats qui travaillaient, mais seulement à démolir. Du reste, il ne se trouvait peut-être dans la ville que cinquante à soixante Français civils, qui avaient coutume de se réunir sur la petite place en démolition. C'était là que je me rendais chaque jour pour voir si l'on pourrait m'indiquer un emploi quelconque dont j'avais grand besoin, étant arrivé presque sans argent; mais je cherchais inutilement. La seule chose qu'il y eût à faire était un petit commerce pour la fourniture de menus objets aux soldats, et je ne pouvais l'entreprendre. Ce fut en vain que j'offris mes services à quatre ou cinq négociants qui fournissaient la place de marchandises en gros; aucun n'avait besoin de moi. J'étais vraiment désespéré, car chaque lendemain ne m'offrait pas d'espoir. Quoique je ne dépensasse que très-peu pour vivre. Je voyais fatalement arriver le jour où je me trouverais sans aucune ressource. Ce que j'avais de mieux à faire, c'était d'imiter les naufragés sur une plage déserte; je me rationnai donc comme eux; et ce qui m'étonne, c'est que ma santé n'en fut point altérée; je ne ressentais qu'un merveilleux appétit. Enfin je me trouvai un jour à la porte d'un boulanger français avec mon dernier sou dans la main, encore c'était plutôt deux liards, car il était effacé des deux côtés, et se trouvait le dernier parce que je n'avais jamais osé m'en servir à cause de cette défectuosité. Je le présente à l'appréciation du vendeur comme quelqu'un qui est nécessairement honteux d'avoir trouvé le diable dans sa bourse. Le boulanger vit certainement mon embarras, car moi qui me connaissais au prix du pain, je trouvai que ce brave homme s'était trompé à sa perte. Mais je le rendis à Dieu quelques années après. Je tenais alors un magasin de cuirs. Un soir, à la brune, un jeune homme de vingt-quatre à vingt-cinq ans, proprement vêtu, entre dans mon magasin, dont la porte était ouverte; il s'approche d'un air mystérieux, et me dit bien bas, quoique nous fussions seuls : « Monsieur, je suis confiseur de mon état; je n'ai pu trouver d'ouvrage; il y a deux jours que je n'ai mangé. Auriez-vous la bonté de me donner un peu de pain? » Je savais ce que c'était. Je n'offris point d'argent, il l'eût refusé; je m'empressai d'aller chercher un pain que je lui présentai en lui disant : « Monsieur, vous avez bien fait. » Il le prit d'une main tremblante, et me dit avec des larmes dans la voix : « Vous me sauvez la vie; ceci est sacré. » Et, ouvrant sa redingote, il enveloppa le pain sur sa poitrine et s'enfuit.

Vers la même époque, j'ai eu occasion de prêter à un officier supérieur de la famille déchue deux petites sommes, sur deux petits objets qui ne valaient pas dix centimes, et que j'ai laissés quelque part dans un coin. J'ai fait d'autres prêts obligeants dont j'ai été remboursé.

Il y a eu de grandes misères dans ce pays; elles provenaient, pour la plupart, de la faute de ceux qui les subissaient : les uns croyant déroger en se livrant à d'autres travaux que ceux qu'ils avaient fixé dans leur esprit; les autres sachant un métier, et pensant ne pas devoir ou ne pas pouvoir faire autre chose.

Il faudrait que tout homme qui veut tenter fortune dans un pays nouveau fût bien convaincu qu'il pourra se trouver obligé, dans certain moment, de faire la première chose qui se présentera, sous peine de manquer de pain.

Je ne dirai pas qu'à mon insu je n'aie pas subi aussi cette faiblesse de caractère que j'ai vue chez tant d'autres; mais au temps de ma détresse il n'y avait véritablement guère de ressources, puisque la population européenne manquait.

Ce que j'ai admiré comme une chose bien digne de remarque, c'est qu'après avoir souffert longtemps, après avoir épuisé vos dernières ressources, lorsque vous n'avez plus d'espoir, quand la dernière épreuve est terminée, la Providence vient à votre secours. C'est ce qui m'est arrivé, ainsi qu'à beaucoup d'autres que j'ai connus; car en disant que, pendant les premières années, le quart de la colonie a été soumis à des épreuves plus ou moins fortes, je ne me tromperais guère, et il n'est pas à ma connaissance qu'aucun ait attenté à ses jours.

Le lendemain du jour où j'avais reçu ce que je puis appeler la charité du boulanger, j'entrais dans un hôpital, non comme malade, je me portais, au contraire, fort bien, mais j'y entrais comme infirmier major, grâce aux bons offices d'un jeune homme employé aux écritures chez l'intendant militaire. Je gagnais 60 francs par mois.

Cet hôpital, construit tout en bois, était hors de la ville, et n'était que provisoire. On n'y recevait que des malades atteints de ces fièvres attrapées dans la plaine, qui sont si rebelles et si dangereuses.

Mes fonctions consistaient à tenir registre des malades, à assister aux visites du médecin, à surveiller le service des infirmiers, etc. Pour se plaire dans un tel emploi, il faudrait être animé de cette ardente charité, admirable dévouement de quelques âmes d'élite, qui fait trouver du bonheur à approcher des malades pour leur prodiguer des soins et des consolations; mais je n'étais que compatissant, et la vue continuelle de ces souffrances exhalées en gémissements et en soupirs de toutes parts, puis des agonies, puis des cadavres, tout cela me contristait extrêmement et me faisait désirer un tout autre emploi.

Je m'y accoutumais cependant, car on s'accoutume à tout, lorsque l'approche de l'hiver obligea de supprimer cet hôpital construit en planches. Les malades, dont le nombre était bien diminué dans cette saison, furent transférés dans un établissement de la ville où l'on n'avait pas besoin de moi.

Je me trouvais sans emploi, mais aussi sans inquiétude; j'avais quelques centaines de francs qui me garantissaient du besoin pour longtemps, et je savais trop ce qu'était la détresse pour ne pas tâcher d'en prévenir le retour; je cherchai donc immédiatement à m'occuper. Pendant que j'étais resté à l'hôpital, presque sans sortir, il s'était fait bien du changement à Alger. Un assez grand nombre d'Européens de différentes nations y étaient arrivés. La ville avait pris un meilleur aspect; on commençait à réparer et à bâtir. Il y avait hors des portes de la ville un faubourg où se trouvaient des tanneries arabes, situées dans un ravin, sur un petit ruisseau souvent à sec. En parcourant ce quartier, je trouvai une fabrique de chandelle qu'un jeune Français avait établie depuis peu de temps. Comme je connaissais ce travail, je voulus lui parler; il fut enchanté d'apprendre que je cherchais de l'ouvrage, et que je ne demandais pas mieux que de lui aider. Comme la plupart de ceux qui arrivaient dans ce pays, il faisait un métier qu'il ne connaissait point. Quand il eut reconnu que je m'y entendais parfaitement, il m'offrit de me donner toute la fabrication aux pièces; c'était ce que je désirais, car de cette manière je pouvais gagner beaucoup en travaillant davantage. C'est ce que je fis : je ne prenais de repos que contraint par la fatigue ; aussi mon petit trésor grossissait à vue d'œil, et d'autant mieux que je ne dépensais presque rien. J'ai remarqué qu'on ne se doute pas de la puissance de l'économie, et que beaucoup de personnes, faute de la pratiquer, n'arrivent à rien malgré leur travail assidu ; et pourtant c'est un moyen presque sûr pour celui qui n'a rien de parvenir à la fortune, s'il n'a d'ailleurs aucune charge de famille et qu'il ait la capacité de faire valoir ses fonds à mesure qu'il gagne : j'en ai la preuve par moi-même et par d'autres que j'ai connus.

Pendant que je faisais la chandelle, mon patron, qui était fils de tanneur et entreprenant, montait une petite tannerie à côté de l'endroit où je travaillais. J'examinais comment il s'y prenait, et je lui aidais quelquefois. Une opération de tannage est longue, et pour apprendre il faut la suivre jusqu'à la fin ; encore, pour bien la comprendre, il faut la répéter plusieurs fois. Ce métier est désespérant pour celui qui veut de prompts résultats ; néanmoins j'étais décidé à le prendre, à cause de l'abondance des cuirs que le pays fournit. Je visitais souvent les tanneries arabes, où l'on faisait de très-beaux maroquins rouges et jaunes. Je désirais apprendre à faire ces couleurs si vives et si belles, mais c'était un secret qu'il n'était pas facile de pénétrer.

Vers cette époque, une société de trois Parisiens entreprenait la fabrication du cuir ; un seulement était du métier. Elle commença par établir une corroirie en ville, puis elle acheta une tannerie arabe dans le faubourg pour faire le tannage ; mais il survint des désaccords entre les associés, ce qui empêcha l'exécution de ce projet ; et la tannerie, qui avait été réparée, resta assez longtemps à louer. Je résolus de la prendre : j'avais dans ce moment plus de 700 fr. d'argent ; les cuirs étaient à bon marché, et je pensais qu'il m'était possible de mettre mon dessein à exécution. J'en parlai à mon patron, qui était devenu mon ami, et j'ajoutai : « Vous savez que Salem, le nègre que j'ai pris pour m'aider, est bien au courant de fabriquer la chandelle, et qu'il est aussi capable que moi de faire votre ouvrage ; je puis donc vous quitter sans vous faire tort. — Aussi, me répondit-il, vous reconnaîtrez que c'est dans votre intérêt que je vous conseillerai de ne point mettre vôtre projet à exécution ; vous ne connaissez rien au travail du cuir. Ne vous imaginez pas savoir quelque chose par ce que vous m'avez vu faire moi-même. Je n'ai que vu travailler chez mon père, qui m'a fait faire mes études et me destinait à autre chose. J'ai eu le malheur de le perdre, et je suis venu ici pour y tenter fortune. Je ne me connais pas plus à tanner qu'à faire de la chandelle ; aussi mes cuirs sont mal réussis, et vous ferez encore plus mal. D'ailleurs ce n'est pas le tout que de tanner, il faut encore corroyer le cuir pour le vendre ; comment le ferez-vous, n'ayant aucune idée de ce travail ? — Je reconnais, répondis-je, que vous avez mille fois raison quant aux difficultés, mais les résultats prouveront que j'aurai bien fait de persister. Vous savez si j'ai peur du travail ; je suis persuadé qu'avec cette ressource on vient à bout de tout. — Puisque vous êtes si déterminé, me répondit-il, je vous prêterai mon *Manuel du tanneur*, où vous puiserez des notions qui vous seront fort utiles. » Je me suis, en effet, servi de cet ouvrage qui peut paraître suffisant à un homme qui a déjà pratiqué, mais qui n'est pas assez explicite, à beaucoup près, pour celui qui ne connaît rien au métier.

Peu de temps après j'étais dans ma tannerie, au milieu de laines et de peaux. Je lavais celles-là que je mettais sécher sur ma terrasse ; je travaillais celles-ci avec des outils qu'on m'avait prêtés. Je m'efforçais de pratiquer ce que j'avais vu faire dans les tanneries, me servant des renseignements que j'avais recueillis çà et là, et consultant mon *Manuel du tanneur*. J'opérais assez mal, mais je me corrigeais, je m'accoutumais, je me perfectionnais, et le travail me devenait familier. Mais, pour arriver à l'entière confection d'un cuir, il faut le faire passer par bien des façons diverses, dont chacune me présentait des difficultés plus ou moins grandes, que je parvenais cependant à aplanir par l'examen, la comparaison et la réflexion.

La matière tannante que j'employais était du sumac d'Italie, qui a la propriété de tanner de petites peaux en quatre à cinq jours. Mon opération fut donc bientôt terminée. Le produit laissait beaucoup à désirer ; mais j'y voyais assez clairement les fautes que j'avais faites pour en tirer une bonne leçon. En effet, mon second essai fut mieux, et quelques mois me suffirent pour acquérir toute la pratique nécessaire.

Le tannage était, à vrai dire, à peine la moitié du travail : il fallait ensuite faire le corroi, donner les couleurs, etc., et ce n'était pas le moins difficile. J'étais sans relâche à la besogne, j'y passais une partie des nuits. Pour ne pas perdre de temps et faire moins de dépense, je faisais ma cuisine.

Je ne me trouvais aucunement fatigué de ces travaux ni ennuyé de cette vie; au contraire, les progrès que je faisais me remplissaient de satisfaction, et j'allais parfois jusqu'à m'imaginer que j'inventais en partie l'art de travailler le cuir.

Confectionner n'était pas tout encore, il fallait vendre, et ce n'était pas facile; je n'étais point connu, et mes marchandises, au commencement, étaient trop mal faites pour me donner du renom. J'étais obligé de les porter pour les offrir aux acheteurs. Je n'eus d'abord pour pratiques que des Espagnols, des Italiens et des Maltais : les Français les dédaignaient; mais le jour où ceux-ci furent mes meilleures pratiques ne tarda pas à arriver.

Malgré tous mes tâtonnements et mes marchandises manquées, un an s'était à peine écoulé que j'avais plus que doublé mes 700 fr., et que je me trouvais en état de prendre un ouvrier qui arrivait de France, et qui cherchait du travail dans le quartier des tanneries, comme j'avais fait deux ans auparavant. Je croyais qu'il m'apprendrait quelque chose ; sauf la méthode qui différait un peu, j'en savais plus que lui, de sorte qu'il s'imaginait que j'étais venu de France sachant travailler.

Tout maintenant devait m'être profitable; je faisais bien et promptement, je vendais facilement et plus cher, et avec mon ouvrier je doublais ma production. D'un autre côté, la chance, voyant que depuis longtemps je donnais asile à sa sœur, la bonne volonté, voulut m'accorder une nouvelle preuve de sa protection : elle conseilla à un Français qui arrivait de la Havane d'acheter une tannerie arabe et de la faire arranger à la française dans le but d'établir une bonne fabrique de cuirs, pendant qu'il faisait venir de France le fils d'un tanneur pour le mettre à la tête de cet établissement. A son arrivée, celui-ci, voyant que toutes choses n'étaient pas exactement comme en son pays, trouva que l'entreprise était impossible. Le maître, qui n'y connaissait rien, fut obligé de se rendre à cet avis, de sorte que le local se trouva à louer juste au moment où les propriétaires de la tannerie que j'occupais la vendaient à deux Français qui voulaient aussi, au moyen d'agrandissements, en faire une importante tannerie qu'ils se proposaient d'exploiter eux-mêmes; ce qui eut lieu. Mais ils ne réussirent pas. Comme je m'étais engagé à sortir en cas de vente, je m'empressai de louer celle qui était disponible, et qui me convenait beaucoup mieux.

Il y avait un peu plus de deux ans que j'étais établi quand je changeai de logement. J'avais déjà gagné plus de huit mille francs. Jusque alors je n'avais guère fait que de petits cuirs; maintenant que le logement et mes moyens le permettaient, j'allais aussi en faire de gros. Je pris trois ouvriers, et je fis monter un moulin à tan. Les tanneurs arabes n'employaient que de l'écorce de sapin que leur fournissaient les Bédouins; je décidai ceux-ci, par l'offre d'un bon prix, à m'amener de l'écorce de chêne, et bientôt je pus m'en procurer autant qu'il m'en fallait, tout en réduisant les prix dans une proportion convenable. Je n'avais plus qu'à produire et vendre pour réaliser de beaux bénéfices. Mon activité, aidée d'ouvriers dont le nombre variait selon les circonstances, pourvoyait à la production. Pour faciliter la vente, je pris un magasin en ville, que je confiai d'abord à un jeune homme de 28 ans, et que je tins moi-même un peu plus tard.

Au milieu de mes rudes travaux, je pensais sans cesse à la faiblesse de mon instruction. Je voulus la réparer autant que possible. J'achetai des livres élémentaires de toutes sortes, que j'étudiai la nuit et dans tous les moments dont je pouvais disposer.

Dès l'époque où Abd-el-Kader nous faisait une guerre acharnée, la ville d'Alger avait bien changé d'aspect : trois grandes rues avaient été rebâties à la française, et trois places avaient été ouvertes, deux en ville et une place d'armes hors des portes. La population européenne était déjà fort nombreuse, surtout en hommes. Le gouverneur général, ayant besoin de toute la troupe pour l'opposer au redoutable soulèvement des Bédouins, forma la milice algérienne, qui fut armée par l'Etat, et qui s'habilla, comme la garde nationale, à son propre compte. La nomination aux grades au-dessous d'officier fut laissée aux suffrages ; le gouverneur général nommait les officiers. Je fus élu sergent-major, et, peu de temps après, officier. La milice remplaça la troupe pour tout le service de la ville, et occupa même longtemps un poste important hors des murs ; c'était une grande charge, car les postes étaient nombreux.

Mon commerce prospérait, et il avait pris un développement que je ne cherchais plus à étendre, pensant qu'il se trouvait dans des proportions convenables relativement aux lieux et aux circonstances ; il ne fallait pas imiter la témérité de plusieurs tanneurs que j'avais vus commencer avec plus ou moins de moyens, et qui avaient tous succombé à différents degrés par suite de trop grosses entreprises.

De 1840 à 1843, la population se trouvait tellement accrue qu'il fallut penser à élargir l'enceinte de la ville ; on en traça une autre d'un périmètre double. Aussitôt on commença à construire dans cet espace. Le faubourg que j'habitais étant, sous tous les rapports, l'endroit le plus favorable pour former un beau et avantageux quartier, des particuliers, des entrepreneurs, des spéculateurs y achetèrent à l'envi des terrains où des constructions ne tardèrent pas à s'élever de toute part et lui donnèrent l'apparence d'une ville française. Mon propriétaire ne voulut pas renouveler un bail qui finissait avec l'année 1843 ; et bien qu'il m'offrît de me vendre la maison, je ne l'achetai pas, parce qu'il m'aurait fallu la reconstruire, tant pour la mettre dans l'alignement que pour la rendre digne de figurer dans ce quartier, où tout se faisait beau.

Je me trouvai donc obligé de quitter ma fabrication. Je me décidai à aller habiter, avec ma femme et mes trois enfants, une maison de campagne à 6 kilomètres de la ville, dans la plus belle situation du pays. J'offris ma démission d'officier de la milice, que le colonel ne voulut point accepter, espérant, disait-il, que je rentrerais en ville ; seulement il me donna un congé temporaire pour tout le temps que je voudrais, et il n'accepta ma démission que quinze mois après, quand je rentrai en France.

Il me serait facile de m'arrêter ici, et de taire ce qu'on pourra blâmer dans ce que je fis depuis la cessation de mon commerce jusqu'à mon départ de l'Afrique; mais je ne serais pas véridique, et je veux l'être.

Ce que j'avais gagné, bien que suffisant pour notre existence, n'assurait pas l'avenir de mes enfants; je ne devais donc pas renoncer à grossir ma petite fortune : mon argent, placé à intérêt dans ce pays, allait servir à me faire atteindre le but que je désirais.

On ne peut se figurer, sans en avoir été témoin, combien les premiers habitants d'une colonie sont entreprenants. La plupart sont des hommes hasardeux qui ont quitté leur pays poussés par le désir de tenter fortune, et ils arrivent dans un endroit où il n'y a point de concurrence et où tout est à faire; chacun y apporte ses connaissances qu'il veut mettre en pratique, connaissances d'autant plus variées que les émigrés sont de différents climats. Ce serait bien ce qui pourrait contribuer à la prospérité de la colonie, si chacun apportait des capitaux pour exécuter ses entreprises; mais presque tous arrivent les mains vides. L'argent disponible est donc avidement recherché par tous ceux qui croient avoir trouvé ce qu'ils appellent une bonne affaire.

De là cette facilité de prêter à de gros intérêts, sans trop de danger pour le prêteur habile qui sait discerner le mérite de l'entreprise, et prendre d'ailleurs les précautions que les circonstances exigent. Aussitôt que l'on sut que j'avais de l'argent à placer, les entrepreneurs arrivèrent en foule. On me proposait souvent les combinaisons les plus variées et les plus compliquées pour assurer ma garantie; quelques-uns m'offraient des intérêts fabuleux qu'ils cherchaient à justifier par l'exposé d'avantages presque toujours imaginaires. Je rejetais ces sortes d'affaires. Je prêtais sur des terres, des maisons, et à des commerçants, et, dans la saison, à des fournisseurs de fourrages pour la troupe, qui gagnaient souvent beaucoup. L'intérêt était de 12, 15, 18 pour cent, selon le degré de sécurité. C'était un taux élevé sans doute, mais qui n'était aucunement ruineux pour nos emprunteurs, et qui était inférieur au taux ordinaire de la place.

Il ne faut pas oublier que, dans ce pays, l'argent était considéré comme marchandise, c'est-à-dire que la loi n'en fixait pas l'intérêt. Je ne sais si les choses ont changé depuis. Quoi qu'il en fût, je n'eus pas longtemps la conscience légère de cette manière de gagner si facilement de l'argent, et ce fut en grande partie la cause qui me fit quitter ce pays.

La distance où je me trouvais de la ville ne nuisait pas à mes affaires : il est vrai que j'étais obligé de m'y rendre souvent, mais ce n'était qu'une promenade agréable, dans un site délicieux. Je n'aurais pu souhaiter une vie plus heureuse, si l'oisiveté eût été dans mon caractère.

« Je ne puis, disais-je, passer ma vie dans ce tripotage d'argent ; il n'est pas permis à un homme de faire fortune sans travail ; je suis encore jeune, je dois consacrer le reste de mes jours à pourvoir dignement à l'avenir de mes enfants. Le travail a été pour moi une source de prospérité ; je dois continuer comme j'ai commencé. » Puis mes pensées se reportaient sur mon pays, que je voyais plein d'attraits, et bien différent de ce qu'il me semblait à mon départ : c'était maintenant un ami dont la présence me promettait un vrai bonheur, et qui, selon mon cœur, ne pouvait manquer de m'avoir rendu justice. « C'est là, disais-je, que mes enfants doivent être élevés pour être de vrais Français. Je quitterai donc ce pays qui a été aussi pendant treize ans une patrie pour moi, où j'ai trouvé justice et bienveillance, où tout le monde, Français et étrangers, ont le cœur ouvert et sympathique (ceci est vrai), pour retourner passer le reste de ma vie aux lieux où je l'ai reçue. J'y serai le même homme que j'étais ici. Pourquoi n'y trouverais-je pas la même bienveillance ? » Je l'ai trouvée, en effet, chez mes concitoyens au cœur bon et loyal ; mais j'y ai aussi rencontré des accusateurs et des hommes toujours prêts à condamner.

Aussitôt que ma résolution fut bien arrêtée, je chargeai un courtier de vendre ma campagne ; il ne tarda guère à m'amener un capitaine de navire marchand, avec qui je fis affaire à un prix satisfaisant.

Je rentrai au Mans au commencement de 1845, où j'établis aussitôt une fabrique de cuirs.

J'étais heureux de me retrouver établi, avec un capital

de 96 mille francs, dans cette ville d'où j'étais parti, treize ans auparavant, sans argent et laissant des dettes que je n'avais pu acquitter par suite des circonstances que j'ai expliquées, mais dont je me suis libéré, ainsi que je l'ai dit. Cependant j'éprouvais, dans le commencement de ma résidence, quelque chose de pénible, réminiscence de ce que j'avais éprouvé avant mon départ. Peu à peu tout s'était effacé. Jamais personne avant ce jour ne m'avait parlé de cette pénible affaire, excepté un de mes proches parents qui me dit, lors de mon arrivée, que j'avais été condamné à Angers, avec M. A..., à un an de prison; encore ne le savait-il pas autrement que pour l'avoir entendu dire. J'en fus très-étonné, car mon avoué m'avait positivement dit que si je ne me présentais pas, le premier jugement serait simplement confirmé. Comme il n'était plus temps de faire appel, je ne pris aucune information; d'ailleurs il ne m'était pas venu à l'idée que cela pût m'avoir ôté aucun de mes droits; et à cette heure il me répugne encore de le croire, malgré ce que m'en a dit M. le maire. Si les choses étaient telles qu'on en puisse tirer toutes les conséquences qu'on voudrait, je ne pourrais qu'admirer le hasard qui aurait si bien conduit toute cette affaire, que je me trouverais sous le coup du véto de tout le monde. Je suis, du reste, bien indifférent à ce qu'il en peut être, ayant placé mon cœur à une hauteur où on ne peut l'atteindre. Tout ce qui m'importe, c'est que l'on me connaisse tel que j'ai été jusqu'à ce jour dans mes rapports avec la société.

Il y avait près de trois ans que j'étais établi quand éclata la révolution de 1848. Elle produisit sur le commerce les mêmes effets que celle de 1830. Heureusement j'avais cette fois les moyens de résister à ses coups. Personne n'avait prévu cet événement, et peu l'avaient désiré. On ne voulait que des réformes nécessaires, et plus d'impulsion dans les affaires; mais on ne pouvait rien espérer pendant la vie du roi. C'est ce qui a causé sa chute; il n'avait point fait attention que la société avait déjà commencé sa course dans la voie nouvelle des progrès, et qu'il était d'obligation au gouvernement de se mettre à la tête, ou tout au moins de suivre de près.

J'avais vu plusieurs fois tous les fils de Louis-Philippe à

Alger, où l'on en disait beaucoup de bien ; le duc d'Or-
léans, surtout, y était, ainsi qu'en France, extrêmement
aimé. Qui sait si cette espérance perdue n'a pas fait trouver pire le gouvernement du père ?

Quand l'événement arriva, je me dis : « L'édifice qui
croule n'est qu'une nouvelle œuvre, et c'est un chef-
d'œuvre qu'il faut à la France ; elle paraît décidée, tant
qu'elle ne l'aura pas, à briser son ouvrage. » J'espérais
qu'elle le trouverait dans la république, et je crois que
tous les cœurs généreux le désiraient et l'espéraient.

Le suffrage universel me semblait devoir produire une
base solide ; de cette manière chacun pouvait prendre
part à l'ouvrage. C'était fort bien pour le fondement ;
mais, ceci fait, il eût fallu laisser agir seuls les ouvriers habiles, et je ne doute pas qu'ils ne fussent parvenus à
bien faire. Tout le monde, au contraire, voulait travailler
sans y rien connaître, et sans mieux s'entendre qu'à la
tour de Babel, les uns voulant faire d'une manière, les
autres d'une autre. Agir ainsi était nécessairement com-
promettre le succès ; aussi, avant d'être achevé, l'édifice
fut renversé.

Un autre s'éleva sur ses ruines. Cette fois, un archi-
tecte habile en avait conçu le plan, et tout en conservant
le principe de la base, il donna à l'édification de son
œuvre une direction unique et ferme qui devait en assurer la solidité.

En fait de gouvernement, un chef-d'œuvre ne se fait
pas en un jour ; car non - seulement il faut qu'il soit
excellent par lui-même, mais encore que le peuple le re-
connaisse pour tel. Quand cela a lieu, une nation peut
prétendre à de hautes destinées, parce que la confiance
réciproque du gouvernement et de la nation donne à l'un
comme à l'autre la force et la hardiesse qui font les grandes choses. Toutefois, pour arriver à cet accord parfait, il
faut que le gouvernement en cherche le secret au cœur
même de la nation, car c'est elle qui, sous l'impulsion de
son génie et de ses aspirations, ouvre la voie ; et ses travaux, ses productions, son commerce, ses lumières, ses
tendances religieuses, politiques et sociales, lui donnent
la science de ses besoins, qu'elle ne peut satisfaire que par
l'action de son gouvernement. Il est donc nécessaire que

celui-ci prenne ses renseignements au sein même de la société. C'est dans la représentation nationale qu'il peut les trouver; mais, pour qu'ils soient bien exacts, il faudrait que les candidatures fussent encouragées, afin que les électeurs puissent choisir. Quoique le gouvernement désigne ses candidats, je crois que c'est lui être dévoué et faire acte de bon citoyen que de voter selon ses propres convictions. De même les représentants, depuis le député jusqu'au conseiller municipal, doivent agir dans l'exercice de leur mandat avec la même conviction, une entière indépendance et un parfait désintéressement.

Les devoirs du conseiller municipal ne sont pas moins impérieux que ceux du député. Celui-ci représente le pays tout entier, celui-là a sous sa responsabilité les intérêts de la commune, cette petite patrie dans la grande, cette famille dans la société, et il est plus que le député le vrai représentant de ses électeurs, parce qu'il agit plus directement sur leurs intérêts. Il faut qu'aucune considération de personnes ou d'intérêt particulier ne soit capable de le faire dévier de la ligne que lui indique sa conscience. Et dans ce conseil de famille où tout doit être fait en vue du bien commun, il est important que toutes les opinions soient respectées et considérées comme tendant au même but. Le maire, comme le chef de l'administration, doit être le premier et plus fortement imbu, s'il est possible, de ces sentiments; et bien qu'il puisse avoir ses projets, dont il lui est permis de désirer la réalisation, il ne peut, dans sa loyauté, faire autrement que d'admettre la bonne foi de toutes ces opinions, et de les recevoir avec la même déférence.

Je ne puis donc croire que mon opposition au sujet de quelques questions importantes ait été cause de l'évocation d'une affaire qui date de trente-deux ans pour m'évincer du conseil.

Je n'ai jamais craint de mettre au jour mon passé; mais la nécessité ne m'y ayant jamais obligé, je devais le laisser dans l'oubli, puisqu'il ne pouvait intéresser personne. A présent qu'on me frappe avec des armes si longtemps délaissées pour faire tomber de mes mains le mandat que m'avaient confié mes concitoyens, je dois faire connaître d'où ces armes ont été tirées.

Afin que l'on puisse porter un jugement complet sur moi, je déclare que j'assume la responsabilité de toute ma vie, sans en excepter un seul jour.

Je connais sans doute moins la gravité de mon affaire que ceux qui s'en servent aujourd'hui contre moi; c'est ce qui fait que je me demande pourquoi on m'a porté sur la liste électorale et sur la liste du jury; pourquoi on m'a toujours envoyé ma carte d'électeur sans que je l'aie jamais demandée; pourquoi on m'a laissé nommer capitaine de la garde nationale et deux fois membre du conseil municipal; pourquoi, en 1860, on a admis au parquet ma déclaration de candidat; pourquoi on m'a fait prêter serment à l'empereur et à la constitution.

Si j'avais été étranger à cette ville, j'admettrais encore qu'on voulût me tenir pour responsable; mais je suis revenu, enfant du pays, reprendre ma place au milieu de ceux qui m'avaient connu et des juges qui m'avaient condamné. J'y suis revenu après avoir, pendant douze ans, exécuté des travaux que ceux qui me condamnent aujourd'hui n'auraient pas supporté pendant deux jours; j'y suis revenu envoyé par ma conscience, qui ne me permettait pas de vivre dans l'oisiveté et de faire fortune au moyen de l'usure; j'y suis revenu parce qu'il n'est pas permis de craindre l'injustice des hommes, et aujourd'hui je suis tranquille parce qu'il n'est donné à personne de mettre le trouble dans mon esprit.

Pour ne rien omettre, je dois dire ce qui m'a empêché, après l'établissement de l'empire, de prêter serment comme conseiller municipal. Ceux qui passent sur toutes les aspérités qui se rencontrent sur leur chemin sans les apercevoir, sont peut-être des hommes heureux; ils ne froissent personne, et l'on est bienveillant pour eux. Mon caractère est moins coulant, et il faut que je voie sous mes pas pour marcher. La république n'exigeait pas le serment, s'en rapportant à la conscience des hommes. Je réprouvais les opinions subversives, mais je respectais la république comme gouvernement de mon pays, comme je respecte aujourd'hui l'empire. Partout où je vois des hommes de cœur, mon esprit est avec eux. Je croyais et je crois encore que tout homme qui accepte une fonction élective sous un gouvernement ne doit pas prêter serment à un autre gouvernement sans avoir été réélu. Aussi je m'attendais à de nouvelles élections. Si elles avaient eu lieu et que j'eusse été nommé, j'eusse prêté serment comme je l'ai fait depuis.

J'ai rempli la tâche que je m'étais imposée; je l'ai fait par un sentiment de devoir. Pour moi, quand le devoir parle, j'agis, quoi qu'il en puisse advenir.

Le Mans, 20 août 1863.

A. T. MAUXION.

LE MANS. — IMPR. A. LOGER, C.-J. BOULAY ET Cᵉ.